SARAH SCHOCKE

Clean Eating EXPRESS

*Supereinfach: Mit **5 Zutaten** gesund kochen*

ZS

ALLE REZEPTE

Rot wie die Liebe

AUF EINEN BLICK

MIT GUTEM GEWISSEN

Clean Eating – sauberes Essen – bedeutet: Essen möglichst nah am Ursprung. Also Kartoffeln statt Pommes, Tomaten statt Ketchup und Joghurt mit Erdbeeren statt Erdbeerjoghurt. Und dann ab in die Küche, und zwar zum Selbermachen: schnippeln, mixen, pürieren, backen, braten, brutzeln ...

CLEAN EATING

Weißer Zucker und Weißmehl sind bei Clean Eating außen vor. Stattdessen nehmen Vollkornmehl, Vollrohrzucker, Agavendicksaft und viel Obst und Gemüse Topf und Teller in Beschlag. Früher hieß das Vollwerternährung. Warum? Weil es voll was wert ist – für die Gesundheit und für die Umwelt!

IM EXPRESS-TEMPO

Wenn's beim Kochen schnell gehen muss, reißt man oft irgendeine Tüte auf. Und meist ist das nicht so der Knaller – weder für die Gesundheit noch für den Geschmack. Dass es auch anders geht, zeigen die Rezepte in diesem Buch. Schnelle Drinks, Desserts, kleine und große Mahlzeiten – alles ist möglich: lecker, gesund, mit wenigen Zutaten. Klingt verlockend, oder?

NUR 5 ZUTATEN

Kochen mit nur fünf Zutaten? Das ist für für jeden Rezeptentwickler eine ziemliche Herausforderung, aber eine Erleichterung für alle, die in der Küche stehen und sich über ellenlange Zutatenlisten ärgern. Zugegeben, wenn man es ganz genau nimmt, haben die meisten Rezepte etwas mehr als fünf Zutaten. Das liegt daran, dass es Basiszutaten gibt, die eigentlich jeder vorrätig hat, Milch zum Beispiel oder Salz und Pfeffer.

MANCHMAL AUCH 6

Und was macht die sechste Zutat in einigen Rezepten? Ganz einfach: Manchmal ist es genau diese eine Zutat mehr, die einem Gericht den letzten Feinschliff verleiht und zeigt, dass hier mit viel Liebe gekocht wird. An einem Herzchen vor diesen Kann-Zutaten sehen Sie gleich, dass es sich dabei um dieses „besondere Etwas“ handelt.

PLUS EINIGE BASICS

Wie gesagt, ohne Basics läuft in diesem Buch nichts. Denn wer nach dem Fünf-Zutaten-Prinzip mit Salz, Pfeffer, Essig und Öl einen Salat zubereitet, hätte nur noch eine Zutat übrig: Das wäre dann der Blattsalat. Langweiliger geht's wohl kaum. Um mit wenigen Zutaten spannend zu kochen, muss man also einige Lebensmittel als „die stehen ohnehin im Regal“ festlegen und hoffen, dass man damit die Grundversorgung von möglichst vielen getroffen hat. Bei Zucker und Mehl sind natürlich die Clean-Eating-Varianten gemeint, also Vollkornmehl und Vollrohrzucker. Und was die Gemüsebrühe betrifft: 100 Prozent „clean“ ist natürlich nur eine selbst gekochte. Doch als Kompromiss für die Express-Küche ist Gemüsebrühepulver oder -paste in Bioqualität (hefefrei und ohne Geschmacksverstärker) eine gute Wahl.

Diese Basics sollte jeder im Haus haben – sie zählen nicht als Extrazutat:

- *Salz*
- *Pfeffer*
- *Essig*
- *Öl (Olivenöl oder Rapsöl)*
- *Milch*
- *Butter*
- *Gemüsebrühe (Bioware)*
- *Vollkornmehl*
- *Vollrohrzucker*
- *Agavendicksaft*

ORANGEN-OATMEAL

mit Apfel und Kaffee

Heute gibt es den morgendlichen Wachmacher mal nicht zum Trinken, sondern als knuspriges Kaffee-Topping auf dem warmen Frühstücksbrei.

2
PERSONEN

20
MIN. ZUBEREITUNG

390
KCAL PRO PORTION

ZUTATEN

75 g Haferflocken, 1 Apfel, 1 Bio-Orange, 1 TL Kaffeebohnen, 2 EL Ahornsirup
Basics: 200 ml Milch, 20 g Butter

OATMEAL KOCHEN

Die Haferflocken mit 100 ml Wasser und der Milch in einem Topf unter Rühren zum Kochen bringen und einmal aufkochen lassen. Den Haferbrei auf der ausgeschalteten Herdplatte zugedeckt quellen lassen.

DANN DAS OBST

- Den Apfel waschen, vierteln, entkernen und in Scheiben schneiden.
- Die Butter in einer Pfanne zerlassen und bräunen, die Apfelscheiben darin bei mittlerer Hitze 5 Min. dünsten.
- Orange heiß waschen, trocken reiben und ein Viertel der Schale fein abreiben. Die Orange halbieren und den Saft auspressen. Beides unter das Oatmeal mischen.

FEIN MACHEN

- Die Kaffeebohnen im Mörser grob zerstoßen.
- Das Oatmeal in Schälchen füllen und die Apfelscheiben darauflegen.
- Den Ahornsirup darüberträufeln und mit dem Kaffee-Crunch bestreuen.

SMOOTHIE-BOWL

mit Heidelbeeren

Power aus Früchten, Nüssen und Flocken: Wer sonst zum Frühstück nichts runterbringt, sollte es mit diesem Smoothie zum Löffeln probieren.

2
PERSONEN

15
MIN. ZUBEREITUNG

270
KCAL PRO PORTION

ZUTATEN

20 g Haselnusskerne, 2 EL grobe Dinkel- oder Haferflocken, 300 g Heidelbeeren (TK), 2 Bananen, 2 TL weiße Chiasamen ♥ essbare Blüten (z.B. Gänseblümchen oder Duftveilchen) oder ein paar Physalis oder Obst nach Wahl

FÜRS RÖSTAROMA

- Die Haselnüsse und die Flocken nacheinander in einer Pfanne ohne Fett anrösten und jeweils aus der Pfanne nehmen.
- Die Haselnüsse grob hacken.

LET'S SHAKE!

Einige Heidelbeeren für die Deko beiseitelegen. Die Bananen schälen und mit den restlichen Heidelbeeren und 100 ml Wasser in einem hohen Rührbecher mit dem Stabmixer oder im Mixer cremig pürieren.

Die Smoothie-Bowl mit Chiasamen, gehackten Nüssen, Getreideflocken, übrigen Heidelbeeren und essbaren Blüten bzw. Physalis oder Himbeeren fantasievoll dekorieren.

ROTE-BETE-TELLER

mit Mango-Dressing

Farbenfroh und erfrischend, so kommt die Veggie-Interpretation des venezianischen Rindfleisch-Klassikers Carpaccio daher. Der Clou: ein raffiniertes, fruchtiges Dressing.

2
PERSONEN

25
MIN. ZUBEREITUNG

485
KCAL PRO PORTION

ZUTATEN

50 g Parmesan, 1 Bio-Limette, 1 kleine reife Mango, 1 reife Avocado, 400 g Rote Beten
Basics: 2 EL Olivenöl, Salz, Pfeffer

SCHNIPPELARBEIT

- Den Parmesan in feine Späne hobeln.
- Die Limette heiß waschen und trocken reiben. Die Hälfte der Schale mit dem Zestenreißer abziehen. Die Limette halbieren und den Saft auspressen.
- Mango schälen, das Fruchtfleisch vom Stein schneiden. Ein Drittel in grobe Würfel, den Rest in dünne Scheiben schneiden.
- Avocado halbieren, entsteinen und schälen. Das Fruchtfleisch in dünne Scheiben schneiden. Rote Beten schälen und in dünne Scheiben hobeln, dabei am besten Einweghandschuhe tragen.

FIX DAS DRESSING

- Mangowürfel, Limettensaft und Olivenöl mit dem Stabmixer glatt pürieren.
- Mit Salz und Pfeffer abschmecken.

AUF DEN TELLER

Die Rote-Bete-Scheiben überlappend auf einen großen Teller legen. Die Mango- und Avocadoscheiben darauf anrichten. Mit dem Dressing beträufeln und mit Parmesan und Limettenschale bestreuen.

GURKENSALAT

mit Ananas und Feta

Statt „Nose to Tail" gibt's hier die vegetarische Variante: „Blätter to Blüte". Und wer es noch nicht probiert hat, wird überrascht sein, wie gut Gurke und Ananas zusammenpassen.

2
PERSONEN

15
MIN. ZUBEREITUNG

200
KCAL PRO PORTION

ZUTATEN

1 Salatgurke, 100 g Ananas, 3–4 Brunnen- oder Kapuzinerkresseblätter, 1 TL Honig, 50 g Feta ♥ einige Kapuzinerkresseblüten für die Deko
Basics: 3 TL Olivenöl, 1 EL Weißweinessig, Salz, Pfeffer

ERST SCHNEIDEN

- Die Gurke waschen und schräg in dünne Scheiben schneiden.
- Die Ananas schälen, den Strunk herausschneiden. Aus dem Ananasfruchtfleisch mit einem Ausstecher Kreise ausstechen. Die Fruchtfleischreste und den Strunk für das Dressing beiseitelegen.
- Kresseblätter waschen, trocken schütteln und in feine Streifen schneiden.

DANN PÜRIEREN

- Olivenöl, Essig, Ananasreste (inkl. Strunk) und Honig in einem hohen Rührbecher mit dem Stabmixer fein pürieren.
- Das Ananas-Dressing mit etwas Salz und Pfeffer abschmecken.

FEIN MACHEN

Gurkenscheiben, Ananas und Kresseblätter auf einem Teller anrichten und mit dem Dressing beträufeln. Den Feta darüberbröckeln, mit Kapuzinerkresseblüten garnieren.

TOMATENSALAT

mit Ringelbete

Ringelreihen tanzt die Ringelbete im kunterbunten Tomatensalat – das findet auch die Vinaigrette ziemlich nett! Geröstete Kerne toppen das Ganze.

2
PERSONEN

20
MIN. ZUBEREITUNG

505
KCAL PRO PORTION

ZUTATEN

2 kleine Ringelbeten, 300 g bunte Tomaten, 50 g Baby-Mangoldblätter (oder Baby-Spinat), 2 EL Pinienkerne, 2 Scheiben Roggensauerteigbrot ❤ 50 g Parmesan
Basics: 3 EL Olivenöl, 1 EL Weißweinessig, Salz, Pfeffer, 1 EL Agavendicksaft

ERST SCHNIPPELN

- Ringelbeten putzen, gut waschen, eventuell halbieren und auf dem Gemüsehobel in feine Scheiben hobeln.
- Die Tomaten waschen und in feine Scheiben schneiden, dabei die Stielansätze entfernen.
- Mangold verlesen, waschen und trocken schütteln.
- Den Parmesan in feine Späne hobeln.

DAS DRUMHERUM

- Die Pinienkerne in einer Pfanne ohne Fett anrösten, aus der Pfanne nehmen.
- 1 EL Olivenöl in der Pfanne erhitzen und die Brotscheiben darin auf jeder Seite goldbraun anrösten.
- Restliches Olivenöl mit Essig, Salz, Pfeffer und Agavendicksaft gut verrühren.

GROSSES FINALE

Mangold, Tomaten und Ringelbeten in einer Schüssel vorsichtig mit dem Salatdressing mischen. Den Salat auf Teller oder Schälchen verteilen und mit Parmesan und Pinienkernen bestreuen. Die gerösteten Brotscheiben dazu servieren.

LINSENSUPPE

mit Aprikosen und Feta

Hier sorgt Feta für das Salz in der Suppe – deshalb zunächst nur vorsichtig salzen und lieber am Tisch noch mit etwas „weißem Gold“ aus dem Streuer nachwürzen.

2
PERSONEN

25
MIN. ZUBEREITUNG

585
KCAL PRO PORTION

ZUTATEN

1 Knoblauchzehe, 250 g Aprikosen, 1 Zweig Rosmarin, 175 g rote Linsen, 100 g Feta
Basics: 1 EL Öl, 1 EL Vollrohrzucker, 600 ml Gemüsebrühe, Salz, Pfeffer

ALLES VORBEREITEN

- Den Knoblauch schälen und grob hacken.
- Aprikosen waschen, vierteln und entsteinen.
- Den Rosmarin waschen und trocken schütteln, die Nadeln abzupfen und fein hacken.

AB IN DEN TOPF

- Das Öl in einem Topf erhitzen und den Knoblauch darin andünsten.
- Aprikosen und Zucker dazugeben und karamellisieren lassen.
- Brühe, Rosmarin und Linsen dazugeben. Alles aufkochen und danach zugedeckt bei mittlerer Hitze 15 Min. köcheln lassen.

Probieren Sie statt Feta mal Manouri!

FEIN MACHEN

Den Feta grob zerbröseln. Die Linsensuppe im Topf mit dem Stabmixer cremig pürieren, dabei nach Belieben noch etwas Wasser hinzufügen. Mit Salz und Pfeffer abschmecken und mit Feta bestreut servieren.

KARTOFFELSUPPE

mit Ingwer und Granatapfel

Eine cremige Kartoffelsuppe wärmt Magen und Seele. Und weil das Auge auch mitisst, kommen Granatapfelkerne als edle Farbtupfer zum Einsatz.

2
PERSONEN

30
MIN. ZUBEREITUNG

595
KCAL PRO PORTION

ZUTATEN

500 g vorwiegend festkochende Kartoffeln, 1 haselnussgroßes Stück Ingwer, 1 TL gemahlener Kreuzkümmel, 200 g Sahne, 7 Stiele Koriandergrün ❤ ½ Granatapfel
Basics: 3 TL Öl, 500 ml Gemüsebrühe, Salz

ERST DIE SUPPE

- Kartoffeln und Ingwer schälen. Kartoffeln würfeln, Ingwer fein hacken.
- Das Öl in einem Topf erhitzen und die Kartoffeln mit dem Kreuzkümmel darin 2 Min. braten.
- Mit der Brühe und der Sahne ablöschen. Die Suppe zugedeckt 20 Min. köcheln lassen.

ZEIT NUTZEN

- Inzwischen den Koriander waschen und trocken schütteln, die Blätter abzupfen und fein hacken.
- Den Granatapfel entkernen.
- Die Kartoffelsuppe im Topf mit dem Stabmixer cremig pürieren und mit Salz abschmecken.
- Mit den Granatapfelkernen und dem Koriander bestreut servieren.

GRANATAPFEL ENTKERNEN

Den halben Granatapfel mit der Schnittfläche nach unten in die offene Hand legen und über eine Schüssel halten. Mit einem Fleischklopfer, einem großen Hammer oder einem Nudelholz auf die Schale schlagen und gleichzeitig die Frucht zusammendrücken – diese dabei im Uhrzeigersinn drehen, bis alle Kerne herausgefallen sind. Den austretenden Saft auffangen.

VANILLE-HIRSE

mit Brokkoli

Hirse küsst Brokkoli, küsst Orange, küsst Erdnuss. Für das i-Tüpfelchen sorgt das begehrteste Gewürz der Welt: Vanille mit ihrem fein-lieblichen Aroma.

2
PERSONEN

30
MIN. ZUBEREITUNG

430
KCAL PRO PORTION

ZUTATEN

100 g Hirse, 1 Brokkoli (ca. 500 g), 1 Saftorange, 1 kleines Bund Petersilie, 2 EL Erdnussmus 💚 1 Msp. gemahlene Vanille
Basics: 1 EL Öl, 150 ml Gemüsebrühe, Salz, Pfeffer

HIRSE KOCHEN

- Die Hirse in einem Sieb unter fließendem heißem Wasser abbrausen.
- In einem Topf mit 300 ml Wasser aufkochen und 5 Min. kochen lassen.
- Die Vanille unterrühren und die Hirse zugedeckt 10 Min. quellen lassen.

ZEIT FÜR DEN REST

- Den Brokkoli putzen, waschen und in Röschen teilen. Den Stiel schälen und würfeln.
- Die Orange halbieren, den Saft auspressen.
- Die Petersilie waschen und trocken schütteln, die Blätter abzupfen und fein hacken.

AUF DEN TELLER

Das Öl in einer Pfanne erhitzen, den Brokkoli darin 3–4 Min. anbraten. Brühe, Erdnussmus und Orangensaft untermischen und alles zugedeckt bei mittlerer Hitze 8 Min. köcheln lassen. Mit Salz und Pfeffer abschmecken. Die Petersilie unter die Hirse rühren und die Vanille-Hirse mit dem Brokkoli servieren.

CHIAPUDDING

mit Spinat und Mango

Hilfe, in meinem Pudding ist Spinat! Keine Panik – das muss hier so sein. Spinat ist farblich ein echter Hingucker und verleiht Superkräfte à la Popeye.

2
PERSONEN

20
MIN. ZUBEREITUNG

100
KCAL PRO PORTION

ZUTATEN

60 g Spinat, 1 Limette, 1 EL Chiasamen, ½ Mango, ½ Stängel Zitronengras, 1 Msp. gemahlene Vanille ♥ 4 EL gepuffter Amarant
Basics: 1 EL Agavendicksaft

PUDDING ANSETZEN

- Den Spinat verlesen, putzen, waschen und abtropfen lassen. Die Limette halbieren und den Saft auspressen.
- Spinat und Limettensaft mit dem Stabmixer pürieren. Chiasamen und Agavendicksaft untermischen, die Masse 10 Min. quellen lassen.

Statt Spinat schmeckt auch Baby-Spinat oder Feldsalat. Wer keine Mango hat, nimmt Ananas oder eine reife Birne.

MANGO PÜRIEREN

- Die Mango schälen, das Fruchtfleisch vom Stein lösen und dann klein schneiden.
- Zitronengras mit dem Fleischklopfer flach klopfen und ebenfalls klein schneiden.
- Beides zusammen im Mixer fein pürieren.

AB INS GLAS

Den Chiapudding mit dem gepufften Amarant und der pürierten Mango in ein Glas schichten und servieren.

RUCOLA-BUTTERBROT

mit Zucchini und Oliven

Ein Hoch auf das Butterbrot! Aufgepeppt mit Frischkäse, marinierten Zucchinistreifen und Rucola kommt es jung und frech daher – und schmeckt einfach nur gut.

2
PERSONEN

10
MIN. ZUBEREITUNG

185
KCAL PRO PORTION

ZUTATEN

½ Zucchini, 20 g Rucola, 20 g schwarze Oliven (ohne Stein), 2 Scheiben Roggensauerteigbrot, 2 EL Frischkäse
Basics: 1 EL Olivenöl, Pfeffer

MARINADE ZUERST

- Zucchini putzen, waschen und mit einem Sparschäler längs in Streifen schneiden.
- Rucola verlesen, waschen, trocken schleudern und ohne die groben Stiele etwas zerzupfen.
- Zucchini und Rucola mit dem Olivenöl in einer Schüssel mischen. Mit Pfeffer würzen.

BROT BAUEN

- Die Oliven halbieren.
- Die Brotscheiben mit dem Frischkäse bestreichen.
- Den Zucchini-Rucola-Salat auf die Brote verteilen und die Brote mit den Oliven garnieren.

Richtig edel: statt Mozzarella Burrata verwenden!

PIMP YOUR BROT!

Für eine etwas fettere Stulle fein gehackte getrocknete Tomaten und in Stücke gezupften Mozzarella obendrauf packen. Oder die Brote und die Zucchinistreifen in einer Grillpfanne anrösten.

KOHLRABI-NUDELN

mit Käse-Birnen-Sauce

Sie fühlen sich durchgenudelt? Probieren Sie mal Kohlrabi-Spaghetti mit herzhafter Käsesauce – die wirken Wunder und liefern jede Menge Vitamine und Mineralstoffe.

2
PERSONEN

25
MIN. ZUBEREITUNG

790
KCAL PRO PORTION

ZUTATEN

1 kg Kohlrabi, 300 g Birne, 2 Knoblauchzehen, 125 g Emmentaler, 75 g Crème fraîche ♥ 50 g Haselnusskerne
Basics: 1 EL Öl, Salz, Pfeffer

ERST SCHNIPPELN

- Kohlrabi schälen und mit einem Spiralschneider zu Nudeln drehen.
- Birne waschen, vierteln, entkernen und in ca. 1 cm große Würfel schneiden.
- Den Knoblauch schälen und fein hacken.
- Die Haselnüsse in einer Pfanne ohne Fett goldbraun anrösten, dann grob hacken.
- Den Emmentaler reiben.

DANN BRATEN

- Das Öl in einer Pfanne erhitzen, den Knoblauch darin anrösten.
- Die Kohlrabi-Nudeln dazugeben und 3 Min. braten.
- Käse, Crème fraîche und Birne unterheben. Die Kohlrabi-Nudeln mit Salz und Pfeffer abschmecken und mit den Nüssen bestreut servieren.

LUST AUF PESTO?

40 g Pistazienkerne, 4 EL geröstetes Sesamöl, 1 geschälte Knoblauchzehe, die abgezupften Blätter von 10 Korianderstielen und den Saft von 1 Limette im Blitzhacker pürieren, mit Salz und Pfeffer würzen. Die Birne passt trotzdem dazu.

AVOCADO-PASTA

mit Zitronen-Minze-Sauce

Vegane Nudeln zum Verlieben: Mit ihren gesunden Fetten stärkt Avocado das Herz – und Peperoni bringt die Geschmacksnerven auf Touren.

2
PERSONEN

30
MIN. ZUBEREITUNG

585
KCAL PRO PORTION

ZUTATEN

200 g Vollkornspaghetti, 1 Bio-Zitrone, 1 Avocado, 2–3 Zweige Minze, 1 rote Zwiebel
♥ ½ rote Peperoni
Basics: Salz, 1 EL Agavendicksaft, 2 EL Olivenöl

DAS FÄNGT GUT AN

- Nudeln in reichlich kochendem Salzwasser nach Packungsanweisung bissfest garen.
- Inzwischen Zitrone heiß waschen und trocken reiben, Schale abreiben und Saft auspressen.
- Avocado halbieren, entsteinen und schälen, das Fruchtfleisch in Scheiben schneiden.
- Minze waschen und trocken schütteln, Blätter abzupfen und in Streifen schneiden.
- Zwiebel schälen, halbieren und in feine Halbringe schneiden.
- Peperoni waschen und in Streifen schneiden, dabei nach Belieben entkernen.

SCHNELLE SAUCE

- Minze mit Agavendicksaft, Olivenöl, Zitronensaft und -schale mit dem Stabmixer fein pürieren.
- Die Sauce mit Salz abschmecken.

Wo gehobelt wird, da fallen Späne – die leckersten sind aus Parmesan und passen gut zu diesem Pastagericht. Als Hobel dient ein Sparschäler.

GUTE MISCHUNG

Die Nudeln in ein Sieb abgießen und kurz abtropfen lassen. In einer Schüssel mit Zitronen-Minze-Sauce, Avocadoscheiben, Zwiebel- und Peperoniringen mischen. Auf Teller verteilen, nach Belieben mit Parmesan servieren.

DINKEL-GNOCCHI

mit zweierlei Tomaten

Was sich zunächst wenig aufregend anhört, entpuppt sich beim Probieren als kulinarisches Highlight mit Potenzial zum schnellen „Angebergericht".

2
PERSONEN

30
MIN. ZUBEREITUNG

880
KCAL PRO PORTION

ZUTATEN

60 g Parmesan, 100 g getrocknete Tomaten (in Öl), 250 g Ricotta, 180 g Dinkelvollkornmehl + Mehl zum Arbeiten, 250 g Cocktailtomaten, Basilikumblätter (nach Belieben)
Basics: Salz, Pfeffer

DEN TEIG KNETEN

- Den Parmesan fein reiben.
- Die Hälfte der getrockneten Tomaten hacken.
- Die übrigen getrockneten Tomaten mit Ricotta, Parmesan und ½ TL Salz mit dem Stabmixer fein pürieren. Das Mehl dazugeben und alles mit den Knethaken des Handrührgeräts zu einem Teig verkneten.
- Den Teig achteln und portionsweise auf der bemehlten Arbeitsfläche 1 cm dick ausrollen. Mit einem Messer in 1 cm große Stücke schneiden.

GNOCCHI GAREN

- Reichlich Salzwasser in einem großen, weiten Topf aufkochen.
- Inzwischen die Cocktailtomaten waschen und halbieren.
- Die Gnocchi in das kochende Wasser geben und knapp unter dem Siedepunkt 3–4 Min. gar ziehen lassen.
- Gnocchi mit einem Schaumlöffel aus dem Topf heben und abtropfen lassen.

KURZ SCHWENKEN

1 EL Öl der getrockneten Tomaten in einer Pfanne erhitzen. Cocktailtomaten, gehackte getrocknete Tomaten und Gnocchi 2–3 Min. darin schwenken. Mit Salz und Pfeffer abschmecken. Nach Wunsch mit Basilikumblättern bestreuen.

KARTOFFELPFANNE

mit Bohnen und Trauben

Diese deftige Kartoffelpfanne hat absolut das Zeug zum neuen Küchenliebling – ganz nach dem Motto: entspannt kochen, gechillt essen!

2
PERSONEN

30
MIN. ZUBEREITUNG

430
KCAL PRO PORTION

ZUTATEN

250 g breite grüne Bohnen, 400 g festkochende Kartoffeln, 6 Zweige Bohnenkraut, 1 Knoblauchzehe, 80 g Feta ♥ 50 g kleine rote Weintrauben
Basics: Salz, 30 g weiche Butter, Pfeffer

BOHNEN KOCHEN

- Die Bohnen putzen, waschen und schräg in ca. 2 cm lange Stücke schneiden. In Salzwasser 10 Min. bissfest garen.
- Die Kartoffeln schälen, waschen und in 1 cm große Würfel schneiden.

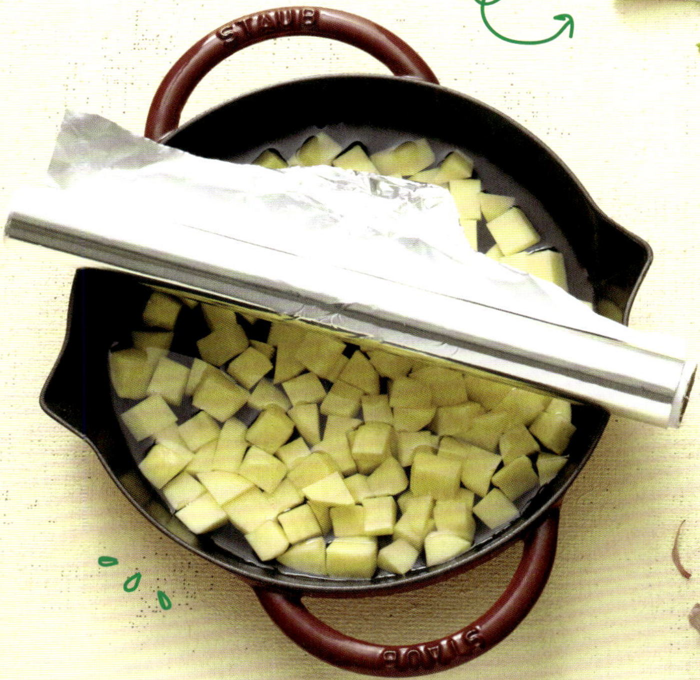

DANN BASTELN

- Eine beschichtete Pfanne mit Butter ausstreichen, Kartoffelwürfel darin verteilen.
- Wasser bis knapp unter die obersten Kartoffeln einfüllen. Mit Alufolie abdecken (glänzende Seite nach unten) und diese so nach innen falten, dass Wasserdampf an der Seite entweichen kann.
- Kartoffeln bei starker Hitze 10 Min. garen, bis das Wasser verdampft ist. Die Alufolie entfernen. Die Kartoffeln unter Rühren weitere 8–10 Min. kross rösten.

UND IN DIE PFANNE

Bohnenkraut waschen und trocken schütteln, Blätter abzupfen. Knoblauch schälen und mit Bohnenkraut fein hacken. Feta grob zerbröseln. Trauben waschen, abzupfen. Bohnen, Bohnenkraut und Knoblauch 1–2 Min. in den Kartoffeln schwenken. Kartoffeln mit Salz und Pfeffer würzen, auf Teller verteilen und mit Trauben und Käse bestreuen.

OFENKÄSE

mit Nüssen und Rosmarin

Manchmal muss es einfach Soulfood sein: Cremiger Käse heiß aus dem Ofen, knackige Nüsse und goldgelber Ahornsirup – was braucht man mehr zum Glücklichsein?

2
PERSONEN

10
MIN. ZUBEREITUNG
+ 20 MIN. BACKEN

685
KCAL PRO PORTION

ZUTATEN

75 g gemischte Nusskerne, 1 runder Camembert im Holzschälchen (250 g), 2 Zweige Rosmarin, 2 große Scheiben Roggensauerteigbrot, 1 EL Ahornsirup

NÜSSE RÖSTEN

- Den Backofen auf 200 °C vorheizen. Ein Backblech mit Backpapier belegen.
- Nüsse grob hacken. Auf dem Blech im Ofen (Mitte) 4–5 Min. rösten.

KÄSE BACKEN

- Käse (im Schälchen) auf dem Blech im Ofen (Mitte) 20 Min. backen.
- Rosmarin waschen und trocken schütteln, die Nadeln abzupfen und fein hacken.

TISCHFEIN DEKORIERT

Den Käse aus dem Ofen nehmen und die gerösteten Nüsse darauf verteilen. Mit dem gehackten Rosmarin bestreuen und mit dem Ahornsirup beträufeln. Das Roggenbrot dazu servieren.

KÄSETÖRTCHEN

mit frischen Feigen

Die Törtchen stehen zwar nicht in 30 Minuten auf dem Tisch, aber das Backen geht ja von allein – und mit dem köstlichen Duft aus dem Backofen wächst auch die Vorfreude!

2
PERSONEN

30
MIN. ZUBEREITUNG
+ 20 MIN. BACKEN

800
KCAL PRO PORTION

ZUTATEN

150 g Quark (20 % Fett), 200 g Dinkelvollkornmehl, 2–4 Feigen (150 g), 4 Zweige Thymian, 75 g Ziegencamembert
Basics: 60 g eiskalte Butter, Salz, Pfeffer

ERST DER TEIG

- Die Butter in Stücke schneiden.
- Mit Quark, Mehl und etwas Salz in einer Schüssel mit den Knethaken des Handrührgeräts rasch zu einem Teig verkneten. In Frischhaltefolie gewickelt 30 Min. kühl stellen.

DANN DER BELAG

- Inzwischen die Feigen putzen und waschen.
- Den Thymian waschen, trocken schütteln und die Blättchen abzupfen.
- Jeweils die Hälfte der Feigen und des Thymians mit dem Stabmixer fein pürieren. Das Feigenpüree mit Pfeffer würzen.
- Die restlichen Feigen und den Camembert in Scheiben schneiden.

AB IN DEN OFEN

Backofen auf 200 °C vorheizen. Ein Backblech mit Backpapier belegen. Den Teig in 2 Portionen teilen. Jede Portion zwischen zwei Lagen Backpapier zu einem Kreis (à ca. 20 cm Ø) ausrollen. Mit Feigenpüree bestreichen. Mit Feigen, Camembert und übrigem Thymian belegen. Die Teigränder ca. 2 cm breit nach innen schlagen. Törtchen auf dem Blech im Ofen (Mitte) 20 Min. backen.

PFLAUMENQUARK

mit Walnuss-Crunch

Tonkabohne hat sowohl eine leichte Zimt- wie auch eine Vanillenote: eine Kombination, die perfekt mit dem Aroma von Pflaumen harmoniert.

2
PERSONEN

15
MIN. ZUBEREITUNG

400
KCAL PRO PORTION

ZUTATEN

25 g Walnusskerne, 25 g Dinkelflocken, 2–3 Pflaumen (150 g), 250 g Quark (40 % Fett), Tonkabohne
Basics: 10 g Butter, 10 g Vollrohrzucker

CRUNCH HERSTELLEN

- Die Walnüsse grob hacken und mit den Dinkelflocken in einer Pfanne ohne Fett 8 Min. unter Wenden anrösten.
- Butter und Zucker zur Nussmischung geben und 2 Min. karamellisieren.
- Die Masse auf einen Bogen Backpapier streichen und leicht abkühlen lassen.

QUARK ANRÜHREN

- Die Pflaumen waschen, halbieren, entsteinen und in feine Würfel schneiden.
- Den Quark in eine Schüssel geben und die Tonkabohne dreimal über eine feine Reibe dazureiben. Quark gut verrühren.

Statt der Tonkabohne schmeckt auch etwas Zimt. Süßschnäbel rühren noch ein wenig Agavendicksaft oder Ahornsirup unter den Quark.

REIN INS GLAS

Alles in zwei (Weck-)Gläser schichten: unten den Quark, darüber die Pflaumen und schließlich den Crunch darüberbröseln.

APFEL-CRUMBLE

mit frischen Brombeeren

Und dann noch eine Vanillesauce dazu! Wer Lust hat, nutzt die Backzeit des Crumbles, um eine fixe Sauce anzurühren, die geschmacklich jedes Fertigprodukt schlägt. Yummy!

2
PERSONEN

10
MIN. ZUBEREITUNG
+ 20 MIN. BACKEN

530
KCAL PRO PORTION

ZUTATEN

1 Apfel, 150 g Brombeeren, 75 g (Roggen-)Vollkornmehl, ½ Sternanis, 25 g Walnusskerne
Basics: 50 g weiche Butter + etwas mehr für die Form, 40 g Vollrohrzucker

CRUMBLE ME UP

- Den Backofen auf 220 °C vorheizen.
- Apfel waschen, vierteln, entkernen und in kleine Würfel schneiden.
- Brombeeren verlesen und waschen.
- Mehl, Butter und Zucker zu einem Teig verkneten.
- Den Sternanis fein mörsern und sieben. Die Walnüsse grob hacken.

AB IN DEN OFEN

- Eine kleine Auflaufform mit Butter einfetten. Apfel, Brombeeren, Walnüsse und Sternanis darin verteilen.
- Den Teig mit den Fingern in Stücke zupfen und darüberbröseln.
- Crumble im Ofen (Mitte) 20 Min. goldbraun backen.

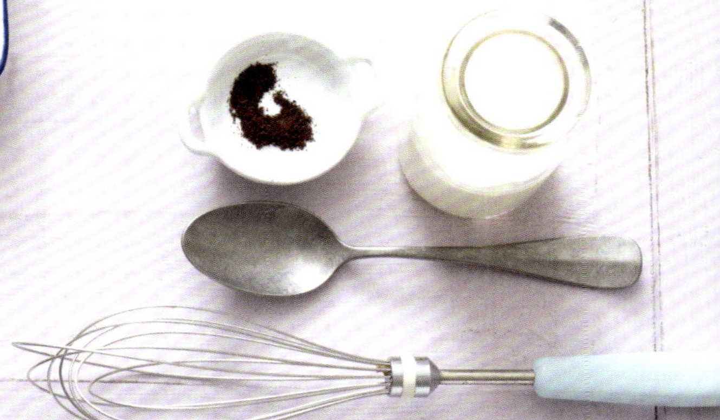

FIXE VANILLESAUCE

1 gehäuften EL Speisestärke oder Maismehl, 2 Msp. gemahlene Vanille und 50 ml Milch mit dem Schneebesen glatt rühren. In einem Topf 1 EL Vollrohrzucker und 150 ml Milch aufkochen. Die Stärkemischung unter Rühren dazugeben, die Hitze reduzieren und rühren, bis die Sauce andickt. Den Topf von der Herdplatte nehmen.

JOGHURTEIS

mit Aprikosen und Vanille

Das perfekte Blitzdessert für Überraschungsbesuch: Mit vorgefrorenen Aprikosen und nur drei weiteren Zutaten steht das cremige Eis in wenigen Minuten auf dem Tisch.

2
PERSONEN

10
MIN. ZUBEREITUNG
+ 12 STD. TIEFKÜHLEN

100
KCAL PRO PORTION

ZUTATEN

150 g Aprikosen, 1 EL ganze geschälte Mandeln,
2 Msp. gemahlene Vanille, 75 g Naturjoghurt

ERST TIEFKÜHLEN

- Die Aprikosen waschen, vierteln, entsteinen und mindestens 12 Std. im Tiefkühlfach gefrieren lassen.
- Die Mandeln in einer Pfanne ohne Fett anrösten. Herausnehmen und grob hacken.

DANN MIXEN

- Gefrorene Aprikosen, Vanille und Joghurt in einem Mixer auf hoher Stufe glatt pürieren.
- Die Masse zu Kugeln formen, in Schälchen anrichten und mit Mandeln bestreut sofort servieren.

FÜR GANZ EILIGE

Noch schneller geht's mit Obst, das bereits tiefgekühlt ist: Erdbeeren, Himbeeren, Heidelbeeren oder Beerenmischungen gibt es zum Beispiel rund ums Jahr als Tiefkühlware zu kaufen.

MELONENSAFT

mit Pflaumen und Ingwer

Vitaminpower, Stoffwechselkick, starke Immunabwehr – wer auch außerhalb der Melonensaison frische Fitmachersäfte mag, nimmt einfach Ananas.

2
PERSONEN

10
MIN. ZUBEREITUNG

205
KCAL PRO PORTION

ZUTATEN

250 g Galiamelone, 1 Apfel, 2 Pflaumen (100 g), ½ reife Avocado, 3 g Ingwer

SCHÄL IT!

- Die Melone schälen, entkernen und in grobe Würfel schneiden.
- Den Apfel waschen, vierteln, entkernen und in grobe Stücke schneiden.
- Die Pflaumen waschen, halbieren, entsteinen und ebenfalls grob würfeln.
- Die Avocadohälfte entsteinen, schälen und in grobe Stücke schneiden.
- Den Ingwer schälen und fein hacken.

SHAKE IT!

- Die vorbereiteten Zutaten mit 500 ml Wasser im Mixer oder in einem hohen Rührbecher mit dem Stabmixer glatt pürieren.
- Den Saft in zwei Gläser füllen und sofort servieren.

Ein Melonenstück (mit Schale) oder eine Apfelspalte einschneiden und ans Glas hängen.

GURKENDRINK

mit Limette

Ein erfrischender Drink, von dem Sie sich ruhig ein Gläschen mehr gönnen können. Weil er ganz ohne Alkohol auskommt, gibt es am Morgen danach garantiert keinen Kater.

2
PERSONEN

15
MIN. ZUBEREITUNG

60
KCAL PRO PORTION

ZUTATEN

1 Handvoll Eiswürfel, ½ Salatgurke, 1 Bio-Limette,
4 Stiele Zitronenmelisse, 500 ml Mineralwasser (mit Kohlensäure)
Basics: 20 g Vollrohrzucker

EIS CRUSHEN

Die Eiswürfel in einen festen Gefrierbeutel füllen und diesen in ein gefaltetes Handtuch wickeln. Das Eis mit einem Fleischklopfer oder einem Hammer fein zerkleinern.

GRÜNZEUG RICHTEN

- Die Gurke waschen, in grobe Stücke schneiden und im Mixer fein pürieren.
- Die Limette waschen und achteln.
- Die Melisse waschen und trocken schütteln.

Keine Lust auf „Hau-den-Lukas“? Crushed Ice gibt's auch im Supermarkt!

LET'S MIX IT

Limette, Zucker und Melisse in zwei breite, stabile Gläser verteilen und mit einem Stößel andrücken. Das Gurkenpüree und das zerkleinerte Eis dazugeben. Mit dem Mineralwasser aufgießen.

SÜSSE DATTELMILCH

mit Zimt und Orange

Die Dattelmilch schmeckt wie eine liebevolle Umarmung. Und was wärmt nach einem Spaziergang an kalten, grauen Wintertagen besser als eine süße, heiße Milch?

2
PERSONEN

10
MIN. ZUBEREITUNG
+ 15 MIN. ZIEHEN

235
KCAL PRO PORTION

ZUTATEN

50 g Soft-Datteln (ohne Stein), 1 Bio-Orange, 1 Teefilter aus Papier,
1 TL Zimtpulver, 1 Prise gemahlene Chili, Zimtpulver zum Bestäuben
Basics: 500 ml Milch

KLEIN MACHEN

- Die Datteln klein schneiden.
- Die Orange heiß waschen. Die Schale mit dem Zestenreißer abziehen oder mit dem Messer in dünnen Streifen abschälen und in den Teefilter füllen.

AUFKOCHEN

- Datteln, Zimt, Chili und Milch in einen Topf geben. Teefilter hineinhängen.
- Die Mischung aufkochen und anschließend zugedeckt bei schwacher Hitze 15 Min. ziehen lassen.

Die Milch mit Zimt bestäubt servieren.

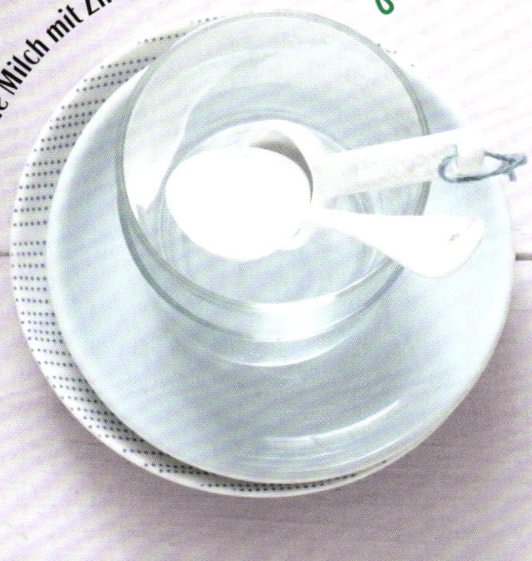

UND FERTIG!

Den Teefilter entfernen. Die Milch im Topf mit dem Stabmixer fein schaumig schlagen und auf zwei Gläser verteilen.

REGISTER

Just delicious

Kaiserstraße 14 b
D-80801 München
ISBN: 978-3-89883-653-1

1. Auflage 2017

Projektleitung: Kathrin Ullerich
Rezepte & Texte: Sarah Schocke
Lektorat: Karin Kerber
Grafische Gestaltung:
kral & kral design, München,
Julia Arzberger
Covergestaltung: Johanna Höflich
Fotografie: Coco Lang
Foodstyling: Sven Dittmer
Illustrationen: Shutterstock
Herstellung: Frank Jansen
Producing: Jan Russok
Druck & Bindung:
optimal media GmbH, Röbel

Die ZS Verlag GmbH ist ein Unternehmen
der Edel AG, Hamburg.
www.zsverlag.de | www.facebook.com/zsverlag

Just delicious
Einfach zum Verlieben

Die neue Kokos-Manie

Tanja Dusy
Coconut Kitchen
€ [D] 9,99
ISBN 978-3-89883-642-5

Die kreativ-bunten Bücher, die jeden zum Kochen animieren.

Schlankes für zwischendurch

Inga Pfannebecker
Low Carb Snacks
€ [D] 9,99
ISBN 978-3-89883-652-4

No Carb, no Stress

Inga Pfannebecker
No Carb Abendessen
€ [D] 9,99
ISBN 978-3-89883-641-8

Jetzt überall,
wo es gute Bücher gibt.